CW01514154

Éditrice : Pom Bessot
Coordination éditoriale : Anne Botella
Rédaction du texte : Christian Besançon
Conception des recettes : Émilie Lang
Photographies des recettes : Pierre-Louis Viel
Stylisme : Valéry Drouet
Illustrations : Sabine Forget
Conception graphique : Corinne Liger
Réalisation : Charlotte Oberlin

Ce livre a été réalisé avec le concours de l'ANICAP, de FranceAgriMer et du ministère de l'Agriculture, de l'Alimentation, de la Pêche, de la Ruralité et de l'Aménagement du territoire.
www.fromagesdechevre.com

23, rue du Cherche-Midi 75006 Paris
Vous pouvez consulter notre catalogue général et l'annonce de nos prochaines parutions sur notre site :
www.cherche-midi.com

Du chèvre tous les jours !

PARTOUT EN FRANCE
- le Palet de chèvre frais
- le Chèvre frais à tartiner
- la Bûchette affinée
- la Bûche à la coupe 1kg
- les fromages de chèvre fermiers
③ BOURGOGNE :
- le Mâconnais
- le Vézelay
- le Bouton de Culot
- le Charolais
① POITOU-CHARENTES
- le Chèvre-boîte
- le Chabichou du Poitou
- le Mothais sur Feuille
② RÉGION CENTRE
- le Chavignol
- le Sainte-Maure de Touraine
- le Pouligny Saint-Pierre
- le Valençay
- le Selles-sur-Cher
- le Bouchon de Chèvre
⑥ RÉGION GRAND SUD-OUEST
- le Rocamadour
- le Pélardon
- le Cabécou du Périgord
- la Tomme de Chèvre
1
2
3
4
5
6

Poitou-Charentes, terre des chèvres

Abordons cet antique passage : le Poitou, c'est sa vocation naturelle de seuil, relie les contrées du Nord et celles du Midi, langue d'oc et langue d'oïl s'y mêlent ; ses plaines calcaires, avec leur façade océanique, gardent les traces des grands chemins… À l'automne 732, d'Espagne, l'émir d'al-Andalus, Abd al-Rahman et ses guerriers omeyyades y déferlent… Charles Martel et ses Francs les vainquent vers Poitiers… les Sarrasins se dispersent, leurs chèvres demeurent… et naît ainsi une grande région caprine !

L'arabe *chebli*, chèvre, déformé en *chabli*, *chabi*, aurait ainsi donné son nom au chabichou du Poitou. Ce fromage fabriqué depuis des siècles dans les fermes poitevines – c'était alors une affaire de femmes, transmise de mère en fille –, aujourd'hui AOP, a la jolie forme d'un petit tronc de cône aux bords arrondis, à pâte molle et croûte naturelle. On y décèle un goût de crème fraîche, de sous-bois automnal. En lamelles, à l'apéritif, avec un pineau des Charentes… c'est à tenter.

Nous revient à l'esprit la grâce parfois exubérante de l'église Saint-Pierre d'Aulnay-de-Saintonge, inscrite dans un vaste cimetière au charme indéfinissable, semé de très vieilles tombes quasi naturalisées et de cyprès, peuplé de buissons de romarin en fleur. On y déambule doucement pour s'imprégner au mieux, l'âme apaisée, de la splendeur de cet édifice roman, au décor sculpté souvent fantastique, parfois énigmatique.
De belles pierres blondies, vices, vertus, vierges folles et vierges sages s'y affrontent en une farandole éperdue… Certes, en Poitou et Saintonge,

Tortilla crémeuse au chèvre-boîte

INGRÉDIENTS

Prép 20 min
Cuisson 5 min

- 1 chèvre-boîte
- 400 g de pommes de terre
- 6 cuillerées à soupe d'huile d'olive
- ½ oignon rouge
- 4 œufs
- 20 cl de crème fleurette entière
- paprika
- sel, poivre

Préchauffer le four à 200 °C.

Peler les pommes de terre, les couper en petits cubes de 1 cm de côté et les cuire dans une poêle de taille moyenne à feu doux avec l'huile d'olive.

Lorsqu'elles deviennent fondantes, ajouter le quartier d'oignon rouge coupé en cubes très fins.

Retirer la croûte du chèvre-boîte et le faire fondre dans la crème portée à ébullition.

Couler la crème obtenue sur les pommes de terre et ajouter les œufs battus assaisonnés de sel et de poivre. Cuire doucement. Quand la tortilla est presque cuite, terminer la cuisson sur le dessus en mettant la poêle 5 minutes sous le gril à 200 °C.

Retourner et décorer avec du paprika.

Se consomme chaud ou froid accompagné d'une salade.

« Belles à la fois et butées ou, pour mieux dire, belzébuthées. »

Francis Ponge, *Grand recueil*

Cylindres de courgette farcis à la bûchette de chèvre affinée

INGRÉDIENTS

Prép 15 min
Cuisson 8 10 min

- 1 bûchette affinée
- 4 petites courgettes
- 8 tomates cerise
- sel, poivre
- un peu d'huile d'olive

Préchauffer le four à 200 °C.

Retirer la croûte de la bûchette et la tailler en cubes.

Couper chaque courgette en tronçons de 5 cm de hauteur environ.

Creuser l'intérieur à l'aide d'une cuillère à pomme parisienne en prenant soin de ne pas percer le tronçon.

Garnir l'intérieur de la courgette avec les petits morceaux de fromage et terminer par une tomate cerise.

Arroser les cylindres avec un peu d'huile d'olive. Saler et poivrer.

Enfourner à 200 °C pendant 8 à 10 minutes. Les courgettes doivent être croquantes et les carrés de bûchette fondus.

Cette mise en bouche se déguste tiède.

« Pour le bouc, ce qu'il y a de plus beau, c'est la chèvre. »

Marcel Pagnol

des églises romanes, peut-être est-ce dû au climat tempéré, à l'air limpide, émane une sorte de joie…

Mothais sur feuille

Deux millions de têtes en 1860 sur tout le territoire, un million un siècle plus tard… à l'époque même où déclinait partout en France l'élevage des chèvres, le Poitou méridional a toujours tenu ferme son bastion de tradition caprine. Un de ses hauts lieux, La Mothe-Saint-Héray, dans les Deux-Sèvres, a inspiré le nom du mothais sur feuille, un disque plat posé sur des feuilles de châtaignier ou de platane qui en pompent l'humidité, régulant ainsi son affinage. C'est un vrai grand cru de chèvre, crémeux, fondant, aux arômes de noisette… Partons en direction de l'océan le déguster : nous allons pique-niquer parmi ce labyrinthe de chemins d'eau, enfouis dans l'ombre sereine d'une forêt clairsemée de peupliers, d'aulnes, de saules et de trembles, qu'ils reflètent.
Tissé de part et d'autre de la Sèvre, ajouré de prairies et de bocages, son réseau de canaux, conches ou rigoles est parcouru de plates, ces grandes barques où les maraîchins chargent récoltes et bétail. À fendre rêveusement à la proue la pellicule verte des lentilles d'eau, on éprouve le plaisir de glisser dans un monde à part…

Chèvre-boîte

Les Poitevins ont imaginé depuis de nouveaux fromages. En 1907, pour faire mieux voyager le chèvre, en s'inspirant du camembert, illustre fromage normand, est né le chèvre-boîte. Sous son couvercle, on découvre un cylindre plat, dont la croûte vire de l'ivoire pour se marbrer de brun orangé. Sa pâte lisse et fondante, qui le distingue du camembert, diffuse une saveur plutôt douce, bien typée au demeurant.

Tourteau fromager

Recette de
Nadine Marboeuf*

Ingrédients pour un tourteau

- ✦ 125 g de fromage de chèvre frais très égoutté
- ✦ 90 g de sucre en poudre
- ✦ 30 g de farine
- ✦ 3 œufs
- ✦ pâte brisée

✱ Étaler la pâte dans un moule à tourteau ou dans un bol allant au four.
✱ Passer le fromage au presse-purée, incorporer les jaunes d'œufs, le sucre, la farine.
✱ Monter les blancs en neige très ferme, incorporer délicatement.
✱ Préchauffer le four à 240-250 °C.
✱ Mettre vos tourteaux (les faire par 4 ou 5), les laisser 20 minutes, la croûte devient noire.
✱ Baisser la température à 200 °C et laisser 30 minutes.

✖ Le tourteau est un soufflé ; c'est la croûte qui va l'empêcher de redescendre. Pour cela, bien respecter les températures du four.

*Halte de la route du chabichou et des fromages de chèvre à Brûlain (79)

Rouget au palet de chèvre frais, olives noires, pignons de pin et fenouil braisé

INGRÉDIENTS

Prép 20 min
Cuisson 8 min

- 2 palets de chèvre frais
- 2 grands rougets levés en filets et écaillés
- 100 g d'olives noires à la grecque dénoyautées
- 100 g de pignons de pin
- 5 cl d'huile d'olive
- 1 gousse d'ail
- 2 fenouils
- sel, piment d'Espelette
- 4 grandes feuilles de basilic

Préchauffer le four à 200 °C.

À l'aide d'une pince à désarêter, retirer les arêtes des rougets, les assaisonner de sel des deux côtés et les colorer brièvement dans une poêle avec de l'huile d'olive. L'intérieur doit rester cru.

Mixer les olives avec l'huile d'olive et la demi-gousse d'ail. Battre les palets de chèvre frais avec un peu de piment d'Espelette.

Placer les rougets sur une plaque allant au four, côté chair vers le haut. Étaler généreusement du palet de chèvre frais sur les filets, ajouter une cuillerée à soupe de purée d'olive et terminer par quelques pignons de pin. Enfourner 8 minutes à 200 °C.

Pendant ce temps, retirer les branches du fenouil et couper le cœur en tranches de 1 cm d'épaisseur, les braiser 4 minutes de chaque côté avec de l'huile d'olive et un peu de sel.

Servir les rougets aussitôt sortis du four. Placer une feuille de basilic sur chaque filet, avec quelques gouttes d'huile d'olive et 2 tranches de fenouil braisé.

Ne pas trop cuire le poisson, il doit rester « nacré ».

Bûche de chèvre

Par ailleurs, quel succès a rencontré partout une autre forme, celle de la bûche de chèvre ! Devenu un grand classique, ce cylindre à croûte fleurie et à la pâte fine et fondante, que l'on trouve en grand format d'un kilo ou en petit format de 200 g, d'un goût plutôt doux et frais lorsqu'il est jeune et plus franc lorsqu'il est plus affiné, se tranche en rondelles pour une dégustation en plateau, mais se prête également à maints usages culinaires : on en agrémente les sauces, tartes, salades et tartines.

« Je suis assez fromage : rien ne m'apaise plus qu'une bûche de chèvre en cas de stress. »

Vincent Delerm

Avant de quitter ce sanctuaire caprin, le terroir de très loin le plus productif de France en fromages de chèvre, nous conversons avec une vieille dame : elle a gardé à la ferme une chèvre poitevine à longs poils bruns qu'elle menait jadis le long des haies, des friches et des chaumes. « Elle est si vieille, vous savez, elle donne plus rien mais je l'aime bien, la chèvre, c'est une bonne compagne de promenade, on la sent bien guillerette à côté de soi… »

Fondant de cabécou aux noix de Luana Belmondo*

Temps de préparation : 10 minutes
Temps de cuisson : 15 minutes

Ingrédients pour 4 personnes

* 4 petits cabécous
* 4 cuillerées à soupe de mascarpone
* 50 g de noix décortiquées
* 4 cuillerées à café d'huile de noix
* 4 cuillerées à café de miel
* 4 tranches de pain de campagne ou pain de mie complet grillées
* fleur de sel
* poivre blanc
* huile d'olive
* piments d'Espelette
* thym frais

* Préchauffer le four à 150 °C .
* Dans 4 cocottes individuelles ou 4 ramequins allant au four, mettre dans l'ordre suivant : une cuillerée à soupe de mascarpone ; une cuillerée à café d'huile de noix ; un cabécou entier.
* Saupoudrer de noix écrasées le fromage de chèvre, ajouter une cuillerée à soupe de miel. Couvrir avec un couvercle ou du papier argenté et passer au four pendant 15 minutes.
* Pendant ce temps-là, mettre dans une poêle de l'huile d'olive. Une fois chaude, mélanger 2 cuillerées à soupe des piments d'Espelette puis faire rissoler des mouillettes de pain.

* Servir le fondant de cabécou avec un brin de thym, une pincée de sel, un tournant de poivre blanc et des mouillettes aux piments. Un plat complet qui peut être accompagné d'une belle salade verte.

Bon appétit!

*Animatrice de l'émission *Bienvenue chez Luana* sur Cuisine TV et coanimatrice avec Alessandra Sublet dans *C à vous* sur France 5

Quiche à la bûche de chèvre, tomates cerise et thym frais

INGRÉDIENTS

Prép 30 min
Cuisson 25 30 min

- 250 g de bûche de chèvre (1 kg à la coupe)
- 1 pâte brisée
- 125 g de crème fleurette
- 125 g de lait
- 2 œufs
- 2 jaunes d'œufs
- 12 tomates cerise
- 1 branche de thym frais
- 1 pincée de muscade
- huile d'olive
- sel, poivre

Préchauffer le four à 200 °C.

Placer la pâte brisée dans un moule à tarte ou à quiche préalablement beurré.

Couper l'excédent de pâte qui dépasse. Battre la crème, les œufs, les jaunes d'œufs, le lait et la muscade, assaisonner de sel et de poivre et faire couler dans le moule.

Couper les tomates cerise en 4 et les épépiner. Les faire sauter 3 minutes à feu vif dans une poêle avec un peu d'huile d'olive afin d'enlever l'excédent d'eau. Couper la bûche de chèvre en gros cubes. Ajouter les tomates et le fromage dans la quiche et parsemer de thym frais.

Enfourner à 200 °C pendant au moins 25 minutes, vérifier la cuisson en piquant le milieu de la quiche avec une pointe de couteau.
Lorsqu'elle ressort sèche, la quiche est cuite.

À consommer chaude ou froide avec un mesclun.

« La chèvre a de sa nature plus de sentiment et de ressource que la brebis ; elle vient à l'homme volontiers, elle se familiarise aisément, elle est sensible aux caresses et capable d'attachement. »

Georges-Louis Leclerc de Buffon

Tartine de chabichou du Poitou, radis, tomates vertes et coulis de basilic

INGRÉDIENTS

prep 30 min

- 1 chabichou du Poitou peu affiné
- 4 tranches de pain de campagne
- 12 radis
- 4 tomates vertes
- 5 branches de basilic
- 10 cl d'huile d'olive
- sel, poivre

Toaster légèrement le pain.

Tartiner généreusement le pain avec du chabichou du Poitou sans sa croûte.

Étaler une tomate verte coupée en fins quartiers sur toute la longueur de la tartine.

Recommencer l'opération avec 3 radis coupés très finement en lamelles.

Mixer les feuilles de basilic avec l'huile d'olive, un peu de sel et de poivre.

Napper les radis de coulis de basilic frais.

« M. Seguin avait choisi, cette fois, une chèvre toute jeune croyant ainsi la retenir. Mais Blanquette, comme toutes les autres, préféra la bruyère des montagnes au pré vert de son clos ; la liberté et ses risques plutôt que la sécurité et l'ennui. »

Alphonse Daudet, *Les Lettres de mon moulin*

Au cœur de la France, une douceur certaine

Une fois passé le seuil du Poitou, on entre en région Centre. Ils sonnent bien, les bons vieux noms de ces vieilles provinces et de leurs paysages – Berry, nommé du peuple gaulois des Bituriges (« les rois du monde »), Brenne, Boischaut, plateau de Sainte-Maure, Touraine, Sologne, Sancerrois… – parmi lesquels nous allons sinuer jusqu'aux grèves blondes et tuffeaux de la Loire, doux au regard…

La chèvre, depuis des temps ancestraux, « réussit » bien dans ce climat ; cette heureuse disposition a stimulé l'imagination et le savoir-faire des premiers éleveurs, dont l'irrépressible génie n'a en effet pas tardé à se manifester : l'apparition de certains fromages, tel le sainte-maure, est attestée dès l'époque carolingienne (VIIᵉ-IXᵉ siècles).

Bon sang, bon terroir ne saurait décevoir ! Ici, que la chèvre broute les landes enserrant les innombrables étangs de la Brenne (3 000, vidés à l'automne), les gâtines de Montrésor ou les prés de la Champagne berrichonne, de bons herbages, parfois sainfoin et autres espèces odorantes, confèrent à son lait une finesse aromatique bien particulière. Ici se révèlent les fromages du cru, qu'aucun plateau n'intimide : cinq AOP – appellation d'origine protégée –, chavignol, valençay, selles-sur-cher, pouligny saint-pierre, sainte-maure de Touraine, mais aussi des fromages de fabrication plus récente, comme le bouchon de chèvre par exemple.

Brochettes fraises-miel-romarin au pouligny saint-pierre

INGRÉDIENTS

Prép 10 min

- 1 pouligny saint-pierre peu affiné (ou un chavignol peu affiné)
- 12 grosses fraises
- 12 petites tiges de romarin frais
- 4 cuillerées à soupe de miel d'acacia ou de romarin
- huile d'olive

Équeuter les fraises et les creuser à l'aide d'une cuillère à pomme parisienne.

Retirer la croûte du fromage et le couper en petits cubes. Garnir généreusement les fraises et les piquer d'une branche de romarin.

Faire chauffer un peu d'huile d'olive et rôtir légèrement (environ 3 minutes) les fraises afin que l'extérieur devienne un peu plus tendre.

Servir chaud et napper d'une cuillerée à soupe de miel.

Ce dessert peut être cuit à la plancha, il s'accompagne volontiers d'une glace au yaourt.

« Ma nourriture et ma boisson préférées : le fromage de chèvre trempé dans le chocolat chaud. »

Mélanie Doutey

Marbré de betterave au cumin et palet de chèvre frais

INGRÉDIENTS

🚹🚹🚹🚹

Prép 15 min

- 1 ou 2 palets de chèvre frais (en fonction de la taille de l'emporte-pièce)
- 4 grosses betteraves cuites
- ½ cuillerée à café de cumin en poudre
- 4 cuillerées à soupe d'huile d'olive
- 1 bouquet de cerfeuil
- 1 bouquet de coriandre
- sel, poivre

Découper un cylindre dans chaque betterave à l'aide d'un emporte-pièce.

Détailler des lamelles d'environ 5 mm dans chaque cylindre et réserver.

Battre le ou les palets frais avec l'huile d'olive et le cumin. Assaisonner de sel et de poivre.

Retirer les feuilles des tiges de coriandre et de cerfeuil, faire une salade d'herbes avec une cuillerée à soupe d'huile d'olive et une pincée de sel.

À l'aide de l'emporte-pièce, placer au fond une lamelle de betterave, puis une couche de palet frais, ajouter une lamelle de betterave et recommencer jusqu'à arriver à hauteur de l'emporte-pièce, démouler doucement et réserver au frais.

Présenter le marbré sur une assiette de couleur sombre ou une ardoise… avec autour un peu de salade d'herbes et un filet d'huile d'olive.

Cette entrée peut se préparer à l'avance.

« Le lait de chèvre transmet harmonieusement la typicité des sols et des régions. Le spectre des textures est très large – frais, crémeux, sec –, et la tradition offre de nombreux exemples de salage et de conservation différents comme par exemple l'utilisation de la cendre qui donne une teinte grise aux cendrés. »

Laurent Dubois

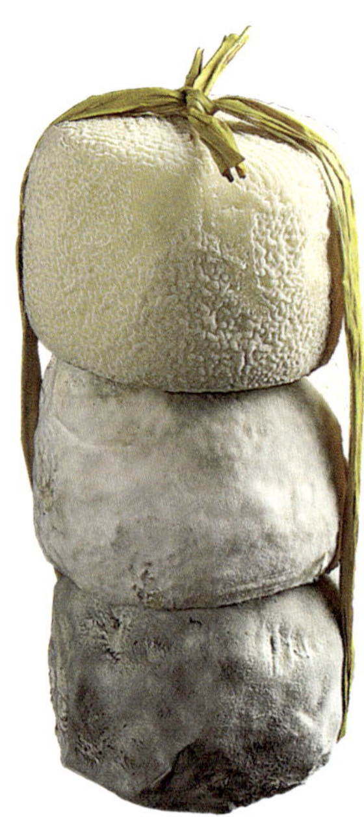

Chavignol

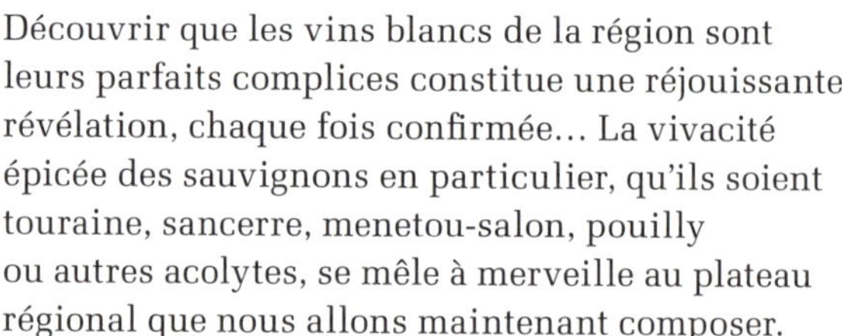

Découvrir que les vins blancs de la région sont leurs parfaits complices constitue une réjouissante révélation, chaque fois confirmée… La vivacité épicée des sauvignons en particulier, qu'ils soient touraine, sancerre, menetou-salon, pouilly ou autres acolytes, se mêle à merveille au plateau régional que nous allons maintenant composer.

« Le chèvre, version crottin, a tout de l'agent double. Son commerce extérieur est rugueux comme une terre aride. Pénétré à cœur, il offre une tendresse blanche qui surprend son monde. Le chèvre rend chèvre. CQFD… »

Philippe Lefait

« Du haut de ces pyramides… » Honneur tout d'abord au pouligny saint-pierre et au valençay : ils présentent chacun cette forme originale de pyramide à base carrée tronquée haut, qui a valu au premier d'être appelé sur les marchés « tour Eiffel » ou « pointu », culminant à 125 mm. Le valençay, lui, en déclare 70. On peut donc aisément les différencier, d'autant que le second se recouvre d'une croûte cendrée.

Pouligny saint-pierre

À côté de ces pics, le sainte-maure de Touraine complète le plateau de sa forme de bûche tronconique longue de 17 cm, d'un gris profond légèrement bleuté. Afin de le consolider, on y glisse une paille, sur laquelle est pyrogravé le nom du fabricant : ainsi, elle constitue aussi un certificat d'authenticité.

Le selles-sur-cher, rond, est lui aussi un fromage à la croûte cendrée, à base de poudre de charbon de bois. Il est produit sur trois départements, le Loir-et-Cher, l'Indre et le Cher.

Crottin de Chavignol et bouchon de chèvre proviennent du Sancerrois et de zones limitrophes. Pourquoi « crottin » ? En référence au premier moule

Sainte-maure de Touraine

de ce petit cylindre légèrement bombé, une petite lampe à huile en terre cuite appelée « crot ». On devrait d'ailleurs, ce ne sera pas facile, balayer ce crottin pour ne plus mentionner que la plus sobre appellation officielle de « chavignol ». Pourquoi « bouchon » ? En référence au bouchon du vin de Sancerre, qui a inspiré cette forme à des éleveurs de la région.

Ces fromages délicats offrent tous, selon leur degré d'affinage, des saveurs subtilement noisetées, et évoquent également des arômes de sous-bois...

« Ô saisons, ô châteaux », dans cette région richissime, où tant de lieux nous appellent, sillonnant la Touraine, le Berry et le Sancerrois, apprécions tout d'abord le charme retrouvé, grâce à un propriétaire obstiné, des jardins enchantés de Villandry, un château de la Loire où l'on célèbre sur trois niveaux, avec une profusion et une splendeur uniques, l'art des jardins ornementaux de la Renaissance, en une immense tapisserie végétale emplie de motifs symboliques. Le potager... une rutilante

Mini-tourte aux écrevisses, cerfeuil et chèvre frais à tartiner

INGRÉDIENTS

prep 30 min
Cuisson 10 min

- 80 g de chèvre frais à tartiner
- 1 pâte brisée
- 1 jaune d'œuf
- 4 branches de cerfeuil
- 10 écrevisses
- 2 échalotes
- 1 branche de céleri
- 5 cl de cognac
- huile d'olive
- sel, poivre

Préchauffer le four à 200 °C.

Émincer les échalotes et la branche de céleri.

Faire suer dans une poêle avec un peu d'huile d'olive. Ajouter les écrevisses à feu très vif et faire cuire environ 5 minutes. Les déglacer avec du cognac et assaisonner de sel et de poivre.

Décortiquer les écrevisses et ne garder que les queues. Les napper avec un peu de jus de cuisson.

À l'aide d'un bol, découper 4 cercles dans la pâte brisée, en garnir 2 avec le chèvre frais à tartiner, 5 écrevisses et un peu de cerfeuil ciselé. Saler et poivrer.

Refermer en plaçant les cercles de pâte restants par-dessus. Pincer les bords afin de bien coller les parties entre elles. Délayer le jaune d'œuf avec 2 cuillerées à soupe d'eau et appliquer cette dorure à l'aide d'un pinceau sur chaque tourte.

Enfourner à 200 °C pendant 10 minutes.

Cette mini-tourte se déguste chaude ou froide.

« Nous achetâmes des provisions, un grand fromage de chèvre, d'importantes réserves d'olives noires et de poissons secs. Je n'oublierai jamais, tant que je vivrai, l'odeur de ce fromage et de ce poisson. »

Isadora Duncan, *Ma vie*

merveille… Plus loin apparaît la majestueuse présence, en balcon sur l'Indre, du château d'Ussé qui a inspiré à Charles Perrault le conte de la Belle au bois dormant.

Valençay

Proposons-nous aussi un voyage en littérature vers Nohant, ce petit village du Berry où George Sand fit du château familial un puissant lieu de vie, de rencontre et de création. Delacroix, Liszt, Chopin, Balzac, Flaubert, Dumas et tant d'autres y ont laissé leur empreinte… La romancière restitue magistralement cette ambiance, encore perceptible, dans *Histoire de ma vie*. De la grande cuisine et du théâtre de marionnettes qu'animait son jeune fils Maurice émane le charme des belles heures dorées de l'enfance…

Ces images nous accompagneront en gagnant, au-delà de Bourges, la région de Sancerre, qui concentre une forme de perfection dans la composition de son paysage, en longues lignes très douces : la petite cité viticole coiffe le sommet d'une belle colline ronde, assaillie de vignes, sa terrasse est un prodigieux belvédère, dominant le val de Loire, donnant sur ces rubans de verdure, là-bas, vers le Massif central, ou, se retournant, vers la ligne bleue des monts du Morvan. De petits sentiers vous mènent à la rencontre des chèvres à la pâture… C'est le moment, mussé dans l'herbe, de mirer au soleil la belle robe d'or vert pâle d'un sancerre blanc, de trancher quelques quartiers dans des chavignols – vous voyez, on arrive à le dire ! – diversement affinés, et de célébrer cette quintessencielle harmonie !

« Mais le plus connu des fromages reste celui de Sainte-Maure. De forme longue avec une paille à l'intérieur, fabriqué avec le lait de chèvre caillé à la présure, salé, affiné. Il est conservé dans la cendre des javelles de sarments. La paysanne le garde à la ferme sur des claies de bois, dans un endroit sec. »

Honoré de Balzac

Selles-sur-cher

Tarte au fromage selon Androuet*

Temps de préparation : 15 minutes
Temps de cuisson : 30 minutes

Ingrédients pour 4 personnes

* 3 œufs
* 1 pâte brisée
* 20 g de beurre
* 400 g de fromage (chèvre, emmental râpé, comté…)
* un peu de crème ou de lait
* une pincée de sel et de poivre

* Pour bien démarrer la recette de la tarte au fromage, mélanger dans un récipient les œufs, la crème ou le lait, le beurre, le sel et le poivre.
* Ajouter ensuite le fromage (par exemple le comté) coupé en dés. Vous pouvez, pour atténuer le goût des œufs, mettre du jus de citron. Faire préchauffer votre four au thermostat 6-7 (200-220 °C).
* Disposer la pâte brisée sur un moule à tarte. Découper si nécessaire le bord du papier. Mettre dans le moule le premier mélange à tarte (œuf, lait…) et le reste de fromage (par exemple chèvre, emmental).
Mettre votre plat à tarte dans le four.
* Couvrir à l'aide de papier aluminium votre tarte au fromage si elle commence à dorer.

* Après 30 minutes environ, la retirer du four. Votre tarte au fromage est prête, vous pouvez maintenant la déguster.

Bonne dégustation !

*MAISON ANDROUET
Maître fromager affineur depuis 1909
37, rue de Verneuil Paris 75007
Tel 01 42 61 97 55 www.androuet.com

Omelette au cresson, asperges vertes et chavignol

INGRÉDIENTS

prep 10 min

- 2 chavignols peu affinés
- 2 bottes d'asperges vertes
- 100 g de cresson
- 6 œufs
- 6 cl de lait
- huile d'olive
- sel, poivre

Blanchir 5 minutes le cresson dans de l'eau bouillante salée, égoutter et réserver.

Blanchir les asperges coupées en tronçons de 1 cm pendant 3 minutes dans de l'eau bouillante salée.

Battre les œufs, assaisonner de sel et de poivre.

Mixer le lait et le cresson et les ajouter aux œufs battus.

Faire chauffer une poêle avec un filet d'huile d'olive et cuire l'omelette à feu moyen, ajouter le chavignol en lamelles aux trois quarts de la cuisson.

Rouler délicatement l'omelette et servir immédiatement avec les asperges chaudes sur le dessus.

« Cette énergie nous valut vers deux heures du matin un souper pour lequel on avait dû réveiller la moitié du bourg. Nous avions un quartier de cabri, des œufs aux tomates, du jambon et du fromage de chèvre, avec un assez passable petit vin blanc. »

Théophile Gautier, *Voyage en Espagne*

Gratin de céleri et de pommes de terre au sainte-maure de Touraine

INGRÉDIENTS

4 personnes
prep 25 min
Cuisson 20 min

- 300 g de sainte-maure de Touraine peu affiné ou mi-sec (ou de valençay ou de selles-sur-cher)
- 800 g de pommes de terre
- 300 g de céleri branche
- 30 cl de crème fleurette entière
- sel, poivre

Préchauffer le four à 200 °C.

Éplucher les pommes de terre et les couper en rondelles de 1 cm d'épaisseur, les mettre dans une casserole d'eau froide avec du gros sel et les cuire jusqu'à ce qu'elles soient fondantes mais pas trop cuites.

Couper le fromage en lamelles de 1 cm, conserver une moitié pour le dessus du gratin.

Porter la crème à ébullition et faire fondre l'autre moitié du chèvre, assaisonner de sel et de poivre.

Retirer les feuilles du céleri et le couper dans le sens de la longueur, faire de petits cubes d'environ 5 mm.

Dans un plat à gratin, alterner successivement des couches de pommes de terre et de cubes de céleri puis napper avec la crème de fromage, étaler la moitié de fromage restante par-dessus et enfourner à 200 °C pendant 20 minutes à mi-hauteur.

Déguster avec une salade ou une viande.

« La tradition : du vouvray avec les fromages de chèvre. »

Menie Grégoire, *Les Dames de la Loire*

Féconde et profonde Bourgogne

Il suffit de passer le pont… et s'affirme en une succession d'indices une région nouvelle, une entité culturelle bien frappée dans son histoire et son identité : c'est la Bourgogne et son catalogue d'images, la sobre perfection du clocher d'une église romane émergeant d'un val profond, les écailles brillantes des tuiles colorées et vernissées sur les hospices de Beaune, à Dijon la Toison d'or décorant les ducs, les villages proprets scandant l'élégant maillage des vignes, sur les pentes alanguies de la Côte-d'Or si bien nommée, les clos prestigieux ceints de murs de pierre calcaire, un vigneron bourru et jovial qui sait en cave vous extraire du temps, tandis que sur la cuisinière embaume un coq au vin, les blancs troupeaux de bœufs charolais dans leurs prés d'embouche… tout évoque un art du bien-manger, du bien-vivre, une richesse patrimoniale, qui rendent « fier d'être bourguignon » !

Oui, tant de hauts lieux ! Connaissez-vous l'abbaye de Cluny, dont l'église fut « tellement étendue qu'il n'en existait pas de plus grande » dans toute la chrétienté ? Et quel succès, religieux, politique, intellectuel, irradiant tout le Moyen Âge européen, y tissant l'immense toile de 2 000 « maisons » !
Certes, le vandalisme révolutionnaire l'a démembrée pour en revendre les pierres, seuls demeurent le bras sud de son grand transept et le clocher de l'Eau bénite, mais sa majesté agit encore…

N'avez-vous jamais gravi le vieux bourg paisible de Vézelay, comme tant de pèlerins du chemin de Saint-Jacques, jusqu'à la basilique

de La Madeleine ? Au solstice d'été, le 24 juin, sur la travée centrale de la nef, le soleil dessine un parcours de lumière : l'architecte médiéval pouvait pousser jusque-là le symbole…
Une fois lus les admirables tympans et chapiteaux, l'on peut méditer, dehors, devant un horizon superbe… puis se souvenir des nourritures terrestres.

Mâconnais

Revenons à nos biquettes en effet, puisqu'à Vézelay il s'agit aussi de déguster le dôme nacré du chèvre fermier éponyme, un délice de 120 à 180 g. Tiens, sur les coteaux environnants croît ce vin blanc qu'on dit aimable… En Bourgogne, il est vrai, le vigneron souvent s'est fait éleveur de chèvres, cette activité complémentaire lui fournissant non seulement le fumier précieux au devenir des ceps, mais aussi le goûteux à côté d'un casse-croûte roboratif à qui laboure, taille, vendange… Les autres terroirs caprins occupent le sud de la province, les territoires des Mâconnais, Brionnais, Charolais, Beaujolais. Comme son appellation l'indique, le bouton de culotte, qui déclare une quinzaine de grammes après la cure d'amaigrissement de l'affinage, « une seule bouchée d'un honnête gourmand », relève du diminutif : ne le dit-on pas aussi « cabrion ou chevroton de Mâcon » ?

« Un de mes souvenirs gastronomiques les plus marquants est celui d'un dîner improvisé que nous avons fait, Tigy et moi, dans une ferme-auberge où l'on n'attendait personne. D'abord des œufs à la coque qui venaient droit du poulailler, puis de petits fromages de chèvre authentiques. »

Georges Simenon

Très sec, il se conserve longtemps. Les vignerons en emportaient autrefois des chapelets, qui avaient viré de l'ivoire au brunâtre, longs en bouche, légèrement poivrés, puissants. Le mâconnais, lui, élevé au rang d'AOC depuis 2006, présente une couleur crème, un diamètre de 4 à 5 cm, une épaisseur de 3 à 4 cm, et, selon affinage, des saveurs herbacées puis lactiques, salées. Du plus petit au plus gros des fromages locaux, voici le charolais, un cylindre debout d'un beau blanc, légèrement bombé, en forme de tonnelet, de presque 300 g ! Quand on laisse fondre au palais sa pâte moelleuse à la saveur douce, aux arômes végétaux évoluant vers le sous-bois, on se convainc que ce gros est grand ! AOC amplement méritée, obtenue en 2010.

Sur ces fromages, les vins du terroir là encore frappent le bon accord ; parfois convient un aligoté, parfois un mâcon-chardonnay, ailleurs il sera plus avisé de servir un mâcon rouge… voire un beaujolais… Des collines de ce vignoble, par temps clair, au-delà de la plaine de la Saône, quelle grandiose surprise, on aperçoit déjà les cimes neigeuses du mont Blanc. Une autre région déjà nous appelle.

Charolais

Champignons farcis au mâconnais et aux escargots de Bourgogne

INGRÉDIENTS

prep 15 min
Cuisson 10 min

- 120 g de mâconnais peu affiné (ou de charolais peu affiné)
- 4 gros champignons de Paris
- 4 escargots au beurre d'escargot
- sel, poivre

Préchauffer le four à 200 °C.

Arracher le pied des champignons, garnir les têtes de cubes de mâconnais sans sa croûte et d'un escargot avec son beurre d'escargot. Saler et poivrer légèrement.

Enfourner 10 minutes à 200 °C et déguster aussitôt.

Ce plat se décline aussi bien en entrée accompagné d'une salade d'herbes qu'en mise en bouche.

« Je pencherais pour le chèvre de 100 jours, parce qu'il demande un travail d'affinage très particulier qui ne peut pas se satisfaire d'à peu près. Il faut emballer les fromages séparément et les laisser mûrir dans un endroit frais et humide... Ils vont alors se confire tout en restant bien crémeux. Malgré ce long temps d'affinage, ces chèvres n'auront pas d'amertume, ni ce petit goût métallique... Cela donne un fromage puissant mais pas du tout agressif, un régal pour les amateurs de chèvre goûteux ! »

Marie Quatrehomme

Rhône-Alpes alpages, crêtes et plateaux

Par les vallées de la Saône et du Rhône se déverse le flux du trafic intense qui relie l'Europe du Nord et de l'Est à la Méditerranée. Tandis que le couloir rhodanien bruit du mouvement des hommes et de leurs marchandises, de part et d'autre du grand fleuve, par monts et par vaux, dans des zones d'altitude calmes et bucoliques, demeure, ici et là, une vie pastorale. De la Tarentaise aux crêtes du Vivarais, des Aravis à la Drôme provençale, des troupeaux de chèvres broutent de bon cœur l'herbe des hauts pâturages. Leur race la plus répandue n'est-elle pas, justement, l'alpine ?

Avant de gagner tous ces reliefs, d'une spécialité caprine à l'autre, saluons d'abord la capitale des Gaules ! La confluence de la Saône et du Rhône a suscité ce Vieux-Lyon qui déploie jusqu'à la colline de Fourvière et sa basilique Notre-Dame son dédale de rues étroites, bordées d'antiques demeures, en un vaste ensemble Renaissance.
Le chevet de l'église primatiale Saint-Jean est tourné vers la Saône, sa façade vers la place qui marque le centre de l'ancienne cité des soyeux. Au nord émerge la belle tour octogonale du clocher de Saint-Paul. L'élégant hôtel de Gadagne est devenu musée d'Histoire de la ville et musée international de la Marionnette : Guignol, emblème populaire de la cité, est en bonne compagnie !

Feuilleté au chevrotin

INGRÉDIENTS

prep 20 min
Cuisson 15 min

- 1 chevrotin
- 2 pâtes feuilletées
- 2 tranches de lard fumé
- 2 jaunes d'œufs

Préchauffer le four à 200 °C.

Étaler les pâtes, découper 8 cercles avec un bol.

Couper les tranches de lard en petits lardons et les faire dorer 5 minutes à la poêle.

Garnir 4 cercles de pâte d'environ 50 g de chevrotin et d'un peu de lardons. Couvrir le dessus de chaque pièce avec le cercle restant en pinçant les bords afin de bien fermer les feuilletés.
Délayer les jaunes d'œufs avec 2 cuillerées à soupe d'eau et brosser la surface de chaque feuilleté avec cette dorure.

Enfourner à 200 °C pendant 15 minutes environ.

Déguster chaud avec une salade.
Il est possible de faire un petit trou en surface au moment de la dégustation pour y verser un peu de crème fleurette.

« En accord avec le chèvre frais : bourgogne blanc, saumur blanc, touraine blanc ou rouge, sancerre blanc, beaujolais rouge. En accord avec le chèvre sec : côtes-du-rhône blanc ou rouge, coteaux-du-languedoc blanc ou rouge, côtes-de provence rouge. »

Alain Marty

Brique de chèvre

C'est dans les monts du Forez qu'a été inventée la brique de chèvre, reproduite un peu partout depuis. Blanchâtre à jaune pâle, couverte d'une fleur fine de feutre, elle révèle une texture souple et onctueuse, une saveur douce et fruitée. Plus à l'est, dans le parc naturel des monts du Pilat, les chevriers moulent à la main un palet d'une trentaine de grammes, la rigotte de Condrieu, AOC depuis 2008. Cette friandise – pâte tendre, fondante, saveur noisette – tire son nom des ruisseaux (*rigots*, en patois local) qui descendent du Pilat vers le village de Condrieu, au bord du Rhône. Il faut voir le célébrissime vignoble escalader sa falaise en étroites terrasses vertigineuses… Quelle insigne valeur accordaient les anciens à ces pentes pour que leur labeur y accrochât le cépage viognier, à la houe, à la hotte ! En dégustant un verre de condrieu, très grand vin blanc, on se dit que ça en valait la peine. Parmi les autres côtes-du-rhône septentrionaux, un saint-joseph blanc fera aussi l'affaire sur cette rigotte que les mariniers d'antan appréciaient grandement.

« Sur les hauteurs de Ben Howth, au milieu des rhododendrons, passe une chèvre, mamelliflue, la queue en trognon de chou, elle sème des raisins de Corinthe. »

James Joyce, *Ulysse*

Dans les Préalpes de Savoie, Aravis, Bauges, Chablais, le chevrotin, parfois affiné dans les mêmes caves, côtoie le reblochon. Cette forme ronde, d'environ 300 g, à la croûte rosée, à la pâte onctueuse, concentre une fine saveur aromatique : allez savoir, les pentes abruptes et les petites fleurs des alpages y contribuent sans doute. Ajoutez-y l'exigence de qualité des éleveurs, et vous obtenez une AOP ! Dès le XVIIe siècle par ailleurs, dans certaines vallées telles Abondance ou Tarentaise, en prévision d'hivers rigoureux

Chevrotin

– la chèvre est le seul animal laitier tari en cette saison –, les montagnards ont transformé le surplus du lait de leurs chèvres en pressant une tomme à la saveur caprine bien prononcée. Les vins de Savoie – apremont, abymes ou roussette – viennent heureusement converser avec la tomme ou le chevrotin, en voisins bien élevés.

Plus au sud, en Drôme et en Ardèche, il était une fois un amour de chèvre, un petit palet rond que l'affinage rendait un peu piquant au goût, et même davantage une fois bien sec, si bien qu'en langue d'oc on l'appela « picaoudou », et voici le picodon, AOP depuis 1983, à la belle croûte très fleur bleue, ou blanche. Simplement servi avec une salade, ou mariné dans une huile d'olive relevée d'herbes et d'ail, le picodon est bonne pâte pour ses amateurs.

Rigotte de Condrieu

Le poète Ronsard jadis le goûta au château de Tournon. L'on peut se proposer une visite à Dieulefit, en Drôme provençale, un grand village où, depuis les Ligures, tournent, cuisent et vernissent les potiers, entrer dans leurs nombreux ateliers, y observer les créations contemporaines… et, mis en joie par ces formes et couleurs (le jaune et le vert y dominent), ce sera le moment de goûter un autre picodon… Dieulefit en est un bon terroir. La vallée du Diois toute proche, au pied des falaises du Vercors, produit deux breuvages, la clairette de Die et le châtillon-en-diois, le bon choix pour la circonstance. Mais notre pendule s'entête à indiquer le sud…

Picodon

Cake salé aux épices, poires et picodon

INGRÉDIENTS

prep 1 heure
Cuisson 40 45 min

- 5 picodons peu affinés ou mi-secs
- 2 poires
- 4 œufs
- 20 cl de lait
- 10 cl d'huile d'olive
- 1 sachet de levure chimique
- 250 g de farine
- ½ cuillerée à café de coriandre moulue
- ½ cuillerée à café de gingembre moulu
- ½ cuillerée à café de mélange 4 épices
- 20 g de beurre fondu
- sel, poivre

Préchauffer le four à 180 °C.

Dans un batteur, mélanger les œufs, le lait et l'huile d'olive jusqu'à ce que le mélange soit homogène et y ajouter la farine et la levure.

Mélanger avec un fouet afin d'obtenir un mélange lisse et homogène et y ajouter les épices.

Saler et poivrer.

Peler et couper les poires en petits morceaux.

Découper les picodons en petits cubes en conservant la croûte.

Beurrer un moule à cake et couler la pâte à l'intérieur, ajouter les poires et les picodons. Enfourner à 180 °C pendant 40 à 45 minutes.

Laisser refroidir avant de consommer.

« Dans des chaises de poste, sous des stores de soie bleue, on monte au pas des routes escarpées, écoutant la chanson du postillon, qui se répète dans la montagne avec les clochettes des chèvres et le bruit sourd de la cascade. »

Gustave Flaubert, *Madame Bovary*

Soufflé à la rigotte de Condrieu

INGRÉDIENTS

prep 30 min
Cuisson 20 30 min

- 130 g de rigotte de Condrieu peu affinée
- 20 g de beurre
- 20 g de farine
- 4 jaunes d'œufs
- 3 blancs d'œufs
- 300 g de lait
- sel, poivre
- un peu de beurre fondu et de farine pour les moules

Préchauffer le four à 200 °C.

Faire fondre le beurre dans une petite casserole, ajouter la farine et faire un roux. Cuire le roux 5 minutes à feu très doux, il ne doit pas colorer, puis réserver.

Beurrer et fariner 4 moules (type ramequin) et tapoter pour enlever l'excédent de farine.

Verser le lait sur le roux et porter à ébullition. Ajouter hors du feu le fromage et les jaunes d'œufs. Fouetter jusqu'à l'obtention d'une pâte lisse et homogène. Saler et poivrer.

Battre les blancs en neige avec une pincée de sel, incorporer délicatement au mélange avec le fromage, à l'aide d'une spatule

Garnir les moules en dépassant légèrement, lisser avec une spatule et nettoyer les bords du moule afin que le soufflé puisse lever.

Cuire à 200 °C pendant 20 à 30 minutes en fonction de la taille des moules.
Servir immédiatement.

Cette entrée peut s'accompagner d'une salade verte ou d'une tranche de lard grillée.

« C'est un fromage de chèvre au lait cru avec de la crème et du poivre. Il contient même des pignons de pin et du paprika. Si on mange ce fromage avec des glaçons, ce doit être délicieux. »

Shohei Imamura, *De l'eau tiède sous un pont rouge*

Provence des garrigues et des collines

Le voyageur, tous sens dehors, guette le moment où il sera parvenu en terre promise : un air décidément plus chaud, plus sec, plus odorant, une lumière plus ardente et un soleil souverain lui confirment son arrivée en Provence. La chèvre, *cabro* en provençal, trouve un parcours d'élection dans ce paysage méditerranéen qui est d'ailleurs son berceau. Sur les hauts plateaux, les collines du Var ou les pierrailles de la Crau, parfaitement adaptée à son milieu, elle « butine » avidement dans les garrigues tous les aromates de la flore locale. Alchimie laitière oblige, on trouve donc sur les marchés des fromages goûteux, relevés parfois d'un brin de sarriette, de thym, de romarin ou de sauge…

Apparaissent, finement découpées, les crêtes des dentelles de Montmirail, sous lesquelles cuisent les raisins de Vacqueyras, Gigondas et Beaumes-de Venise. Au-delà domine la figure tutélaire du mont Ventoux, prolongé à l'est par la montagne de Lure. C'est là, en haute Provence, non loin de Forcalquier, qu'on trouve le village de Banon, célèbre pour son immense librairie et surtout pour avoir nommé ce fromage de chèvre « plié », comme on dit là-haut, c'est-à-dire enveloppé de feuilles de châtaignier et lié au raphia naturel. « Emmailloté », pourrait-on dire, car ainsi le fromager assure une meilleure conservation au banon en le protégeant. Cette AOP de forme ronde, 7-8 cm de diamètre et 3 cm d'épaisseur, présente une pâte souple, douce,

Banon

qui peut aller jusqu'au piquant, un peu « attendue » et parfumée des tanins de la feuille. Un délice d'une centaine de grammes.

Aux portes de Marseille, dans la chaîne de l'Estaque, un sommet d'aridité, une race de chèvres a pris le nom du village du Rove ; reconnaissables à leurs grandes cornes torsadées, rustiques à souhait, elles avaient pourtant quasi disparu de leur territoire. Bonne nouvelle, elles reviennent, là et ailleurs : des passionnés de cette race s'y emploient. De leur lait, on fait la brousse du Rove, qui se présente dans des moules tronqués. Elle fond dans la bouche en l'imprégnant d'une vive saveur légèrement acide qui s'accommode fort bien de saveurs sucrées telles que miel, coulis de framboise, figues séchées ou encore fleur d'oranger. Au temps du carême, des marchands ambulants la proposaient aux

Marseillais à grand renfort de cris, trompettes et sonneries… Un bouc rove souvent menait les transhumances de toutes races… derrière la lyre de ses cornes de plus d'un mètre d'envergure… ça ne manquait pas d'allure !

Sous la Sainte-Victoire nous attend Aix-en-Provence. Là, se coulant doucement dans l'ombre verte des platanes du cours Mirabeau, croisez vers le quartier Mazarin, d'un élégant classicisme, tiré au cordeau, calme. Trouvez-y la fontaine des joyeux Quatre-Dauphins, oui, charmante, puis remontant la rue Cardinale, sur une place sereine, auprès de l'église Saint-Jean-de-Malte, le musée Granet. Le soleil darde et vous êtes d'humeur « muséale » ; ça tombe bien, ses collections sont parmi les plus riches de France. On y rencontre Rembrandt, Ingres, Rubens, Metsu, Cézanne l'enfant du pays, et tant d'autres…

« J'adore les fromages de chèvre pour leur douceur. Ça n'enlève en rien leur caractère… D'un chèvre frais à une tomme vieillie, il y a un monde ! »

Apollonia Poilâne

Cap sur les Alpes-Maritimes, par les gorges du Verdon et les petites routes côtières. Il fait bon déambuler dans les petites rues étroites du Vieux-Nice, et se teinter les yeux de la chaude palette de toutes ces façades de couleur ocre, orangée, parme, parmi l'omniprésence d'églises et de chapelles baroques. Le quartier est d'un italianisme ravissant, et l'on ressent puissamment le charme de cet ailleurs proche. Les citadins raffolent des étalages du cours Saleya, de ses fleurs et de sa brocante. Des comptoirs vendent des spécialités niçoises, telles la socca, une galette de farine de pois chiches grillée, ou la pissaladière, une tarte à l'oignon relevée de purée d'anchois et d'olives noires. En saison, on peut même se délecter d'un couaieta de cabrit, chevreau en ragoût… De l'arrière-pays, une guirlande de villages superbes, nids d'aigle perchés sur leurs éperons rocheux, de petits producteurs descendent en ville de purs délices, comme le chèvre frais en faisselle, encore humide de petit-lait, au goût frais et lacté. Les amateurs le dénichent dans les bonnes épiceries, « de derrière les fagots », ainsi que la tome de Provence, ou tome à l'ancienne, un caillé doux de chèvre bien parfumé. Reflet d'un savoir-faire ancestral, la tome de Provence se revendique la plus fidèle descendante des premiers fromages provençaux : sa fabrication remonterait à l'époque de la domestication de la chèvre, 5 000 à 6 000 ans avant J-C.

Fromage et lait de chèvre comme un soufflé gratiné ou un gratin soufflé d' Alexandre Gauthier*

« Moi, je l'aime nature pour profiter du goût particulier du fromage et du lait de chèvre... »

Temps de préparation : 15 minutes
Temps de cuisson : 30 minutes

Ingrédients pour 4 à 6 personnes
* 750 g de pommes de terre, de type bintje
* 25 cl de lait de chèvre
* 80 g de beurre à la fleur de sel
* 3 œufs
* 150 g de chèvre (frais ou sec suivant votre goût)

- Laver, éplucher et cuire à l'eau les pommes de terre.
- Ajouter le lait de chèvre. Ajouter le beurre.
- Préchauffer le four à 210 °C.
- Une fois le mélange tiède, y incorporer les œufs.
- Ajouter, avant cuisson, 150 g de fromage de chèvre (selon votre goût, frais cassé en petits morceaux, émietté ou un chèvre plus sec, donc plus fort, en copeaux très fins).
- Beurrer les moules (petits individuels ou gros familiaux).
- Répartir l'appareil à soufflé dans les moules. Poser une noisette de beurre sur le dessus avant d'enfourner.
- Cuire 15 à 20 minutes. Piquer pour vérifier. La pointe de votre couteau doit être sèche.

* Servir avec une salade verte de saison, par exemple du mesclun. Vous pouvez ajouter au soufflé, selon votre humeur : tomates confites, olives noires, ail fumé, copeaux de jambon cru, fines herbes.

* Chef étoilé de La Grenouillère à La Madelaine-sous-Montreuil (62)

Ratatouille revisitée au banon rôti avec sa croûte

INGRÉDIENTS

prep 15 min
Cuisson 15 min

- 1 banon
- 1 grosse tomate cœur de bœuf
- 3 poivrons (un de chaque couleur)
- 100 g de roquette
- huile d'olive
- 1 brin de sarriette fraîche ou de thym frais
- 1 gousse d'ail
- sel, poivre

Préchauffer le four à 200 °C.

Découper un large chapeau sur le dessus de la tomate, la vider en prenant garde à ne pas la percer. Assaisonner d'une pincée de sel et d'un filet d'huile d'olive. Déposer le banon avec sa croûte à l'intérieur, parsemer de sarriette. Conserver les feuilles de châtaignier pour la décoration. Enfourner la tomate 15 minutes à 200 °C.

Couper de larges cubes de poivron et les faire sauter dans de l'huile d'olive avec une gousse d'ail, du sel et du poivre. Retirer les poivrons lorsqu'ils sont cuits tout en restant légèrement croquants. Ciseler finement la roquette et l'ajouter aux poivrons.

Placer la tomate cœur de bœuf au centre d'une grande assiette, parsemer de poivrons et de roquette tout autour, terminer par décorer l'extérieur avec les feuilles de châtaignier.

Ce plat convivial peut se déguster comme une fondue, les invités peuvent tremper les cubes de poivron à l'aide d'une pique dans le banon rôti.

Du Languedoc à l'Aquitaine, un autre Sud

De l'autre côté du Rhône, l'autre Sud n'est pas radicalement différent. Ce Languedoc de plaines viticoles et de reliefs, des Corbières aux Cévennes, du pont du Gard aux gorges du Tarn, est lui aussi méditerranéen par toutes ses fibres. Partout, les chèvres aujourd'hui y prélèvent leur aliment des garrigues, landes, maquis odorants, prés parfois et sous les châtaigniers ; avec les moutons, elles ont jadis façonné le paysage languedocien, pendant des siècles d'économie pastorale, dégradant la forêt primitive de chênes verts, mettant la pierre à nu. On voit des bergeries et chèvreries isolées, ruinées, çà et là, humbles témoins de cette époque.

Voici les Cévennes, terre de courage, modelée par l'homme en terrasses de pierres sèches, ses lourds toits de lauze, ses châtaigniers, il y en eut tant, base de toute une civilisation. De même que la châtaigne, il est un fromage essentiel au régime des Cévenols, et il fut un temps où chaque ferme en produisait ! C'est le fameux pélardon, AOP, petit palet rond d'un poids moyen de 70 g. Après ses onze jours canoniques d'affinage, sa pâte s'est faite crémeuse, son goût, noiseté ; après trois semaines, il se fait cassant, un peu piquant. Il est succulent servi chaud avec une petite salade. Son aire s'est élargie de la Lozère et du Gard vers l'Hérault ; en amont de ce fleuve, un petit val âpre et sauvage enserre une merveille de village et d'abbaye, d'une beauté apaisante, située sur la route de Saint-Jacques de Compostelle : Saint-Guilhem-le-Désert. Le chevet de son église, orné

Millefeuille au rocamadour

INGRÉDIENTS

prep 15 min
Cuisson 5 min

- 2 rocamadours crémeux
- 100 g de pommes de terre
- 4 feuilles filo
- 50 g de beurre
- sel, poivre

Peler et couper les pommes de terre en petits cubes et la faire cuire dans de l'eau bouillante salée jusqu'à ce qu'elles soient très fondantes.

Égoutter les pommes de terre et mixer avec les 2 rocamadours pour obtenir une pâte lisse et homogène. Assaisonner de sel et de poivre.

Faire fondre le beurre, brosser avec précaution chaque feuille filo et découper des rectangles d'environ 5 x 8 cm.

Sur une plaque antiadhésive allant au four, superposer 3 ou 4 rectangles, et faire ainsi plusieurs tas de rectangles superposés.

Cuire au four à 200 °C environ 5 minutes en surveillant de très près. Dès qu'ils commencent à colorer sur les côtés, les sortir du four et laisser refroidir.

Dresser sur une assiette un rectangle feuilleté, puis une cuillerée à soupe de crème de pommes de terre-rocamadour, recommencer une seconde fois et terminer par un rectangle.

On peut décorer le millefeuille avec des graines de pavot.

Il peut se déguster en mise en bouche ou en entrée accompagné d'une salade frisée.

Cordons-bleus à la tomme de chèvre et estragon

INGRÉDIENTS

prep 15 min
Cuisson 5 min

- 400 g de tomme de chèvre
- 4 blancs de poulet
- 2 tranches de jambon blanc
- 2 branches d'estragon
- 200 g de farine
- 2 jaunes d'œufs
- 200 g de chapelure
- huile d'arachide
- sel, poivre

Détacher l'aiguillette des filets de poulet, poser la main à plat et couper dans la longueur de manière à pouvoir ouvrir le filet comme un portefeuille.

Déposer une demi-tranche de jambon à l'intérieur du filet de poulet ouvert, environ 100 g de tomme de chèvre découpée en lamelles de 5 mm d'épaisseur, puis quelques feuilles d'estragon et refermer.

Assaisonner la viande de sel et de poivre des deux côtés.

Préparer une grande assiette avec la farine, une autre avec les jaunes d'œufs délayés dans 6 cuillerées à soupe d'eau et une troisième avec la chapelure.

Fariner les blancs de poulet des deux côtés en tapotant bien afin d'enlever l'excédent de farine, puis les tremper dans les jaunes d'œufs et terminer par la chapelure.

Faire chauffer de l'huile d'arachide dans une poêle, attendre que l'huile soit bien chaude et y déposer les cordons-bleus.

Cuire à feu moyen de chaque côté pendant environ 5 minutes.

Déguster les cordons-bleus chauds accompagnés de légumes ou d'une salade.

d'arcades à colonnettes, représente bien le style lombard, le premier art roman, simple et dépouillé. Le cloître a disparu, dommage, démonté par des Américains et exposé à New York ! L'aire de production du pélardon a gagné aussi le département de l'Aude, de la montagne Noire au Lauragais ; c'est l'occasion de revoir la cité de Carcassonne, édifiée sous Saint Louis pour renforcer la frontière franco-aragonaise. Vision parfaite de la couronne inviolée des remparts, vision de conte, tandis que sur l'horizon se lève un autre rempart, celui des Pyrénées. Au fait, sur notre pélardon, adjoignons donc un vin du Languedoc, un saint-chinian par exemple…

Tomme des Pyrénées

Voilà les Causses. Ils déploient leurs vastes étendues couvertes d'une pauvre végétation que criblent les pierres. C'est un paysage prenant, étrange, surtout les nuits de pleine lune…
Si c'est le pays de la brebis, traite pour le roquefort, au Larzac ou au Méjean, sur le causse de Gramat, au nord de Cahors, dans le Quercy, c'est le royaume de la cabre et du rocamadour !
Cabre, la chèvre, suffixée du diminutif cou, et nous obtenons cabécou, petit chèvre ! Les cabécous ne manquent pas et l'AOP rocamadour en a regroupé sous l'illustre nom du roc où saint Amadour vint nicher son ermitage, au flanc d'une falaise qui surmonte de 150 m la gorge de l'Alzou…
Sur le chemin de Saint-Jacques (le *cami roumieu*), ce sanctuaire de pèlerinage a vu s'agenouiller devant sa Vierge noire saint Dominique, Louis XI, et tant de femmes qui avaient conduit jusque-là, au prix de longues marches, leur désir inaccompli d'enfanter…
Alors, ce rocamadour, à quoi ressemble-t-il ? À un minuscule palet d'une trentaine de grammes, de quoi rendre songeur qui s'échine à retourner en cave les lourdes meules de comté… Avec sa croûte naturelle, sa pâte molle, ses saveurs subtiles de crème et de beurre crus, légèrement noisetées, il plaît, le petit ! Du côté de Cahors, un peu plus bas dans le Lot, il est tentant de faire un tour au marché aux truffes de Lalbenque, capitale de la

Rocamadour

truffe noire du Quercy. Il faut voir, en saison, alignés derrière des bancs de bois, les « caveurs » de la région présenter, comme figés et silencieux devant butin si précieux, leurs pépites végétales, soigneusement rangées dans leurs paniers, sur serviette à carreaux rouges et blancs… Et puis c'est le pays des grottes et des gouffres du Quercy. À Padirac, Saint-Céré, Lacave, Rocamadour même, offrez-vous de souterraines émotions, dessins rupestres et étonnantes concrétions sont là, les stalactites obstinément « stalactitisent » et les stalagmites « stalagmitisent », et parfois même, ô bonheur, se rencontrent…

« J'aime le manger avec des olives noires dessus, accompagné d'un petit minervois un peu frais. »

Jean-Claude Dreyfus

L'ultime dégustation de notre périple caprin nous conduit vers les cingles, les méandres de la Dordogne. Faites-nous donc voir, s'il vous plaît, ce cabécou du Périgord ! Ah ! sa croûte est d'un beau jaune pâle, ses angles vifs… il doit faire dans les 5 cm de diamètre, les 45 g, on peut goûter ? Saveur dominante de noisette ?… Oui, c'est juste… Et que boit-on là-dessus ? Évidemment, le « régional de l'étape », un vin de Bergerac ! Puisqu'on évoque les crus du Sud-Ouest, le saviez-vous, un chèvre bien affiné, c'est-à-dire coulant et crémeux sans être « agressif », se marie fort bien à un vin liquoreux, jurançon, gaillac ou sauternes. C'est dans l'élégantissime château de Malle, à Preignac, en Gironde, avec le cru classé de Sauternes du domaine, servi sur notre cabécou, que nous venons le vérifier ; cette expérience, il faut le dire, n'a proprement rien de cruel… Par cette célébration se clôt cette visite à tous ces bons vieux pays de France que la chèvre court de ses agiles onglons. Son

Cabécou du Périgord

Galette de sarrasin, tomates confites, pistou et bûchette de chèvre affinée

INGRÉDIENTS

prep ❶ heure
Cuisson ❶ heure

- 1 bûchette affinée
- 330 g de farine de sarrasin
- 75 cl d'eau froide
- 1 œuf
- 4 tomates
- 4 branches de basilic
- thym frais
- ½ gousse d'ail
- 6 cl huile d'olive
- sel, poivre
- sucre
- huile d'arachide

Battre l'eau et l'œuf ensemble, mélanger le sel et la farine puis incorporer la mixture eau-œuf en deux ou trois fois à la farine afin d'obtenir un mélange bien lisse.

Laisser reposer 1 heure au réfrigérateur.

Plonger les tomates quelques secondes dans de l'eau bouillante salée et les rafraîchir immédiatement dans un bol d'eau froide avec des glaçons.

Peler et épépiner les tomates, les couper en quartiers puis les étaler sur une plaque allant au four recouverte de papier sulfurisé.

Badigeonner d'un peu d'huile d'olive, d'une pincée de sucre, de sel et d'un peu de thym frais. Enfourner à 100 °C pendant 1 heure.

Séparer les feuilles de basilic de leurs branches, les mixer avec l'huile d'olive et la gousse d'ail. Saler et poivrer.

Faire chauffer à feu vif un peu d'huile d'arachide dans une poêle à crêpes, y déposer une couche fine de pâte à crêpes, bien l'étaler et retourner la crêpe délicatement sans la casser.

Ajouter au milieu 4 rondelles d'environ 5 mm de bûchette de chèvre et 4 pétales de tomate confite.

Napper d'un peu de pistou et rouler la galette comme une bûche ou la plier comme une enveloppe.

Servir chaud avec une salade verte.

indépendance et son humeur vagabonde nous la rendent si attachante. « Il était une chèvre de fort tempérament, qui revenait d'Espagne et parlait allemand », chantaient naguère les campagnes, inspirées de cette mutine.

Mais, avant tout, ce périple a salué le travail des hommes.

Pélardon

« Mon produit culinaire préféré : le fromage de chèvre, évidemment. Je suis de la région du pélardon, alors forcément j'ai été élevée à ça. Ce n'était que du bonheur. On s'occupait des animaux et puis on gardait les chèvres. »

Alexandra Lamy

Figues violettes de Solliès au sainte-maure de Touraine parfumé d'huile d'olive au pistou

de Philippe Renard*

Temps de préparation :
10 minutes

Ingrédients pour 4 personnes

* 12 pièces de figues violettes de 50 g
* 250 g de sainte-maure de Touraine
* 1 dl de vinaigre de figue
* 3 dl d'huile d'olive vierge au pistou
* 3 g de piment d'Espelette
* ¼ de bouquet cerfeuil
* ¼ de bouquet persil plat
* ¼ de bouquet basilic
* ½ bouquet ciboulette
* ¼ de bouquet estragon
* 15 g de fleur de sel
* 100 g de pignons de pin

✖ Couper le chèvre en fines lamelles, les mettre à mariner dans l'huile d'olive au pistou avec le piment d'Espelette.

✖ Couper les figues en lamelles, les assaisonner avec le sel, le piment, l'huile d'olive au pistou, le vinaigre de figue. Ajouter la moitié des herbes hachées.

✖ Monter les figues et le chèvre en millefeuille. Effeuiller le restant des herbes, les laver. Dorer les pignons de pin dans une poêle antiadhésive sans matière grasse.

✖ Disposer les 3 figues au milieu de l'assiette, au centre, poser le mélange d'herbes, arroser d'huile d'olive au pistou, de piment d'Espelette et de quelques gouttes de vinaigre de figue.

* Chef étoilé de l'hôtel Lutetia à Paris 6e

Salade croquante de fenouil, céleri-rave, pomme granny-smith et pélardon

INGRÉDIENTS

prep 25 min

- 4 pélardons peu affinés
- ½ céleri-rave
- 1 pomme granny-smith
- 1 fenouil
- ½ oignon jaune
- 1 cuillerée à soupe de miel
- 50 g de gingembre frais
- ½ cuillerée à café de coriandre moulue
- zeste d'½ citron vert
- jus d'un citron vert
- 4 cuillerées à soupe de vinaigre de cidre
- 8 cuillerées à soupe d'huile d'olive
- sel, poivre

Couper la moitié de la pomme et de l'oignon en très petits cubes, les faire suer dans une poêle avec un peu d'huile d'olive, la coriandre moulue, un peu de sel et le zeste de citron vert. Peler et couper le gingembre en petits cubes et l'ajouter au reste. Lorsque ce chutney a suffisamment compoté, le déglacer avec le jus de citron vert et y ajouter le miel. Ajuster l'assaisonnement à votre convenance.

Réserver le chutney.

À l'aide d'une mandoline, couper le fenouil en très fines lamelles. Peler et râper le céleri-rave. Couper en fins bâtonnets le restant de la pomme.

Dresser une couche de fenouil, puis de céleri-rave et terminer par quelques bâtonnets de pomme.

Réaliser une vinaigrette avec l'huile d'olive, le vinaigre de cidre et un peu de sel et de poivre.

Assaisonner la salade avec la vinaigrette, puis déposer un pélardon sur le dessus, napper le fromage avec un peu de chutney.

Pour un résultat plus croquant, plonger les légumes dans un grand saladier avec de l'eau froide et plusieurs glaçons pendant 1 heure.

Suprême de pintade, crème de cabécou du Périgord

INGRÉDIENTS

prep 15 min
Cuisson 15 min

- 4 cabécous du Périgord peu affinés ou mi-secs
- 4 filets de pintade (ou 4 filets de poulet jaune des Landes ou un chapon)
- 40 cl de crème fleurette entière
- 30 g de truffe fraîche ou de brisure de truffe à l'huile de truffe
- huile d'olive
- sel, poivre

Préchauffer le four à 200 °C.

Assaisonner les filets de pintade de sel et de poivre des deux côtés, faire chauffer un filet d'huile d'olive dans une poêle antiadhésive et colorer côté peau les filets quand l'huile est bien chaude.
Les retourner et faire colorer de l'autre côté. Réserver.

Porter la crème à ébullition et ajouter le fromage pour le faire fondre. Ajouter la truffe émincée et cuire à feu doux pendant 5 minutes.

Assaisonner à votre convenance.

Terminer la cuisson des filets 15 minutes au four à 200 °C.

Servir avec une purée de pommes de terre ou une mousseline de céleri-rave.

Il est possible de remplacer en fin de cuisson la truffe par 200 g de chanterelles préalablement sautées au beurre avec une échalote ciselée.

« Elle se dresse sur ses pattes de derrière, appuie celles de devant au bas de l'affiche, remue ses cornes et sa barbe, et agite la tête de droite et de gauche, comme une vieille dame qui lit. »

Jules Renard, *Histoires naturelles*

Tout ce qu'il faut savoir sur les fromages de chèvre

Les fromages de chèvre en quelques mots (lexique)

Affiné

Qualité d'un fromage qui a mûri. Plus un fromage de chèvre vieillit, plus il perd de l'humidité et gagne en fermeté. Ainsi la perte d'humidité conduit à une concentration du goût. On reconnaît trois phases principales – frais, demi-sec et affiné ou sec –, mais les innombrables nuances de maturité démultiplient les saveurs.

– Frais : le chèvre souple et humide, à peine sorti du moule et déjà doté d'une saveur délicate, s'accommode très bien d'un saupoudrage de fines herbes fraîches ou séchées, persil, ciboulette, coriandre… voire du trait d'un bon poivre en moulin ou de fleur de sel. Présenté en faisselle, le chèvre frais peut aussi se déguster en dessert, sucré d'un filet de miel, accompagné d'une cuillerée de confiture de figues ou de compote d'abricots.

– À 8 jours : la pâte toujours très blanche devient plus homogène.
La sensation de fraîcheur et le « goût de lait » laissent place à une saveur plus subtile propre aux produits caprins.

– À 15 jours : une croûte fine blanche, jaune, brune ou bleutée, selon les flores de couverture utilisées lors de l'affinage, commence à se former sur la surface du fromage mi-sec.

– Au bout de 3-4 semaines : le fromage sec a une pâte compacte et ferme qui s'effrite légèrement sous la lame du couteau. Son goût plus affirmé séduit les amateurs.

– Au-delà… : un chèvre bien égoutté et bien affiné peut se conserver plusieurs semaines, voire même plusieurs mois, dans un hâloir ou une cave répondant aux critères de température et d'humidité requis.

Appellation d'origine contrôlée (AOC) et appellation d'origine protégée (AOP)

L'appellation d'origine permet de préserver un patrimoine culturel et gastronomique. C'est une garantie d'origine et de typicité. C'est l'assurance qu'un produit a été fabriqué selon un savoir-faire transmis de génération en génération et transcrit dans un cahier des charges précis.
Pour être reconnu appellation d'origine protégée, un produit laitier doit provenir d'une aire de production délimitée, répondre à des conditions de production précises, posséder une notoriété dûment établie et faire l'objet d'une procédure d'agrément de reconnaissance en AOC par l'Institut national de l'origine et de la qualité (INAO), puis en AOP par l'Union européenne.

14 fromages de chèvre français sont certifiés AOC/AOP, garantissant « des usages locaux, loyaux et constants » et une qualité gastronomique toujours régulière : banon, chevrotin, picodon, mâconnais, rocamadour, selles-sur-cher, chabichou du Poitou, crottin de Chavignol, pélardon, pouligny saint-Pierre, sainte-maure de Touraine, valençay, rigotte de Condrieu, charolais.

Chèvrerie

De même que l'étable est l'habitat des vaches et la bergerie celui des moutons, la chèvrerie est celui des chèvres. Elle doit être confortable, à l'abri de l'humidité et des courants d'air.

Fromage fermier

Se dit d'un fromage fabriqué à la ferme selon des techniques traditionnelles par l'exploitant agricole et uniquement avec le lait de son propre troupeau.

Lait cru

C'est un lait qui n'a subi aucun autre traitement de conservation que la réfrigération à la ferme. Il garantit les meilleures qualités organoleptiques au fromage en conservant la flore spontanée, les vitamines et les bactéries.

Pur chèvre

Se dit des fromages fabriqués exclusivement avec du lait de chèvre. C'est le cas de 95 % des fromages de chèvre produits en France.

Races de chèvres

Deux races d'origine montagnarde, l'alpine, de couleur brune, et la saanen, de couleur blanche, se partagent l'essentiel du cheptel français. Toutefois, quelques races de chèvres locales, souvent très anciennes, font l'objet de procédures de conservation et de rétablissement du cheptel, souvent après avoir frôlé l'extinction. C'est le cas des races suivantes : poitevine, corse, provençale, chèvre des Pyrénées, chèvre des fossés, chèvre du Rove.

Traite

La traite des chèvres s'effectue à l'aide d'une machine à traire : le lait est recueilli par des gobelets trayeurs, puis est acheminé par des tuyaux en acier inoxydable directement dans une cuve où il est rapidement réfrigéré à 3 ou 4 °C en attendant d'être collecté par la laiterie, ou transformé directement après la traite en production fermière.

L'art de la fabrication du fromage de chèvre

Qu'ils soient fabriqués en version « fermière » par les producteurs eux-mêmes, ou en version « laitière » dans les laiteries-fromageries, la méthode suivra toujours les cinq mêmes étapes clés :

– Caillage : après la collecte, le lait est utilisé cru ou pasteurisé. Additionné de ferments lactiques et de présure, le lait coagule entre quelques heures et trois jours, en fonction de la quantité de présure utilisée (plus on ajoute de présure, plus la prise est rapide). Les fromages de chèvre traditionnels sont en général peu emprésurés. Le caillé, composé de protéines et de matières grasses, est alors séparé du petit-lait ou lactosérum, qui n'entre pas dans la fabrication du fromage.

– Moulage : cette étape détermine la forme du fromage. À la louche ou par procédé mécanique, il s'effectue le plus souvent dans des faisselles (récipients perforés).

– Égouttage ou ressuyage : pendant vingt-quatre heures, le fromage se libère des derniers restes de petit-lait. C'est une étape majeure, puisqu'elle détermine sa qualité de conservation.

– Salage : ingrédient essentiel pour relever le goût et assurer la conservation, le sel est déposé sur le fromage moulé, à la volée, ou directement introduit dans le caillé par brassage. Certains chèvres sont également saupoudrés d'une fine couche de cendre végétale.

– Affinage : pour les fromages qui ne seront pas consommés frais, après l'égouttage, la période de maturation commence. Les caillés frais sont déposés sur des clayettes dans un hâloir – une chambre fraîche, ventilée et humide – et retournés régulièrement à la main. Leur pâte s'affermit progressivement et se recouvre d'une fine croûte de couleur blanche, jaune ou brune. La mise sous papier ou en boîte s'effectue à basse température pour respecter la chaîne du froid avant le chargement des fromages dans un camion réfrigéré.

Une mosaïque de formes et de saveurs

Chaque région a ses spécialités fromagères, nées du terroir et de ses traditions. C'est à sa forme

que, dans un premier temps, on reconnaît un fromage de chèvre et d'elle dépendra sa saveur.
Crottins, palets, briques, bûches et bûchettes, pyramides, bouchons, bondes, ou « chèvres-boîtes » aux faux airs de camembert, il existe mille et un fromages de chèvre à découvrir et à déguster. Petit ou grand, blanc, gris ou fleuri, chaque fromage de chèvre affiche son identité doublée d'une forte personnalité.

D'un blanc pur lorsqu'il est tout frais, on peut aussi le trouver cendré, semé d'herbes aromatiques ou enrobé d'une feuille d'arbre.
Il peut être élaboré à base de lait pasteurisé ou cru : dans ce dernier cas, sa saveur caprine sera plus affirmée.

Un art de vivre à la pointe du couteau

Bien conserver ses fromages de chèvre

Pour garder au fromage de chèvre toutes ses qualités gustatives et nutritionnelles, la conservation dans le bac à légumes du réfrigérateur reste la plus indiquée.
On veillera à bien le séparer des autres aliments, emballé dans son papier ou sa boîte d'origine, dans un torchon, ou éventuellement dans une boîte hermétique.
À noter : avant de le consommer, mieux vaut le laisser une heure à température ambiante pour qu'il exhale toutes ses saveurs, sauf s'il s'agit d'un chèvre frais, qui, lui, peut être dégusté sitôt sorti du réfrigérateur.

Bien découper ses fromages de chèvre

Pour un fromage de chèvre plus séduisant, plus appétissant, et qui se conserve plus longtemps, ne négligez pas l'art de la découpe.

– Les petits formats ronds, les crottins et les bondes se découpent en quartiers. Les cabécous du Périgord ou les rocamadours, très petits, se coupent en deux.

– Les bûches, les bûchettes et les briques se découpent en tranches.

– Les pyramides et les chèvres-boîtes se découpent en portions dans le sens vertical.

Tranchez de façon ferme et nette pour éviter d'écraser le fromage, en gardant à l'esprit une seule règle d'or : pour bien goûter un fromage, il faut pouvoir découvrir toutes ses nuances.
Il convient donc de veiller à ce que chaque portion découpée possède une part égale de croûte : c'est au plus près de celle-ci que le fromage aura le goût le plus fort.

Dégustation sur un plateau

Sur un plateau, n'hésitez pas à proposer plusieurs sortes de chèvres de régions différentes afin de bien mettre en valeur les typicités. Par exemple, servez des pélardons, de la tomme de chèvre

savoyarde et une pyramide des bords de la Loire.
Veillez à choisir des affinages différents : vos convives feront la pleine expérience des nuances de saveurs et de textures, en commençant toujours par les chèvres les plus frais, pour finir vers les plus affinés au goût plus prononcé.
Le degré de maturation s'évalue à la couleur et à l'aspect de la croûte : plus elle est blanche et fine, plus le chèvre est jeune. Elle s'évalue aussi à sa texture : moelleuse et fondante quand il est jeune, elle devient sèche et compacte après plusieurs jours d'affinage.
Vous pouvez associer vos fromages de chèvre à des petits pots de miel de différentes saveurs (garrigue, thym, romarin...) ou de confitures de fruits rouges, comme la confiture aux cerises noires par exemple, ou encore de chutneys. Servez-les avec des fruits de saison : raisins et poires feront merveille avec les fromages de chèvre.

Quel vin choisir ?

Si vous voulez accorder vos chèvres avec un vin, choisissez plutôt des vins blancs secs, mais aussi des moelleux, en fonction du stade d'affinage de vos fromages.

– Avec les chèvres mi-secs :
avec des chèvres affinés au moins dix jours, les accords de terroirs deviennent intéressants. Ainsi, le mariage d'un sauvignon de Loire avec un crottin est quasi religieux. Sancerre, pouilly-fumé, quincy ou reuilly : c'est à l'apéritif qu'on les aime !

– Avec les chèvres secs :
ils ont, pour leur part, un goût nettement plus fort et une texture cassante. Mariez-les avec un blanc gras et typé. Ainsi, sur un pélardon, chèvre cévenol au goût puissant d'herbes de la garrigue, vous ouvrirez un vin de pays d'Oc chardonnay aux arômes légèrement boisés.

Index

Remerciements

L'éditeur tient à remercier tout particulièrement Pierre Androuet, Luana Belmondo, Alexandre Gauthier, Nadine Marboeuf, Apollonia Poilâne, Philippe Renard, ainsi que mesdames Mélanie Doutey, Menie Grégoire, Alexandra Lamy, Marie Quatrehomme et messieurs Vincent Delerm, Jean-Claude Dreyfus, Laurent Dubois, Philippe Lefait, Alain Marty.

Impression : Sepec, avril 2012
N° d'impression : 04231120403
N° d'éditeur : 2520
Gravure : Axiome
ISBN : 978-2-7491-2520-6
Dépôt légal : avril 2012